想いよ、逝きなさい

DJあおい

幻冬舎

はじめに

私にも経験があるのですけども、はじめての失恋というものはとりわけ辛《つら》いものがありまして。

時間が解決してくれるのは何となくわかっていても、その時間が途方もなく長く感じられたり、「ほかにいい人がきっと見つかるよ」という無責任な慰めに苛立《いらだ》ってみたり、「止まない雨はない」と自分に言い聞かせてみても今降る雨に絶望してみたり、違う恋愛に逃げてみても、違うところが気になって虚《むな》しいだけだったり、別れた恋人と友達に戻ってみても友達という関係が残酷なだけだったり、失恋ソングや応援ソングを聴き漁《あさ》ってても焼け石に水だったり、自分探しの旅に出かけてみても自分から逃げているだけだったり、部屋に閉じこもってみても、外に出て遊びや趣味に精を出してみても、勉強や仕事に集中してみても、何をどうしたって辛いものは辛いし、忘れられないものは忘れられないんですよね。

幸せを失うということがどれほど辛いことか、人を好きになるということはどれほど怖いことか、心に空いた大きな喪失感の穴に一滴ずつ涙を満たしていくような気の遠くなる償いに、身をもって愛を思い知らされる毎日に心身が悲鳴を上げてしまいそうになるんですよね。

でも振り返ってみれば途方もなく長く感じられた苦悩の日々もあっという間の出来事。あれほど忘れたいと願っていた気持ちも、いつ忘れたのかわからないくらいにいつの間にかうっかりと忘れてしまっているんです。

それに気がついたときに失恋は思い出に変わり、痛みは経験に変わり、未練は教訓に変わり、自分自身もまたひとりの人として大きく変わっていたりするんです。

まるで生まれ変わったかのような爽快感と解放感がそこにはあるもので、ちゃんとひとりに戻れた自分が誇らしくもあり、そんな自分がちょっとだけ好きになれたりするんですよね。

失恋で自分を嫌いになってしまわないように、失恋で自分を好きになれるように、そんな気持ちを込めてこの一冊にまとめてみました。

最後の1ページをめくり終えたとき、その想いが少しでも軽くなっていますように。

さあ、想いよ、逝きなさい。

想いよ、逝きなさい **Contents**

01

失恋から立ち直るための平均的な期間は1カ月

読者さんからこんな相談をいただきました。

「失恋して泣いたり苦しくなったりしているのはいつまでいいんですか？　周りの話を聞くと何年もかかっている人がいて、わからなくなってしまいます」

失恋から立ち直る期間は、個人差があるものだとは思いますが、一番多いのは約4割で「1週間から1カ月」だそうです。

次いで多いのが、約3割で「2カ月から5カ月」だそうです。
「半年から1年」というのが約1割。
そして「何年も」というのはおそらくごく少数でしょう。

個人的な感覚で言わせてもらえれば、まぁ長くて1カ月程度でしょうか。それ以上はこじらせて執着になっている場合が多いと思います。

長く未練を引きずる人というのは暇な人が多いですね、未練を引きずっていても支障のない環境なんでしょう。

立ち直ることができる人というのは、いつまでも未練なんか引きずっていたら生活に支障が出てしまうことがわかっているんですよ。だから生きるために未練を断ち切るんです。

自分の生活にどの程度責任を持って生きているのか、ただそれだけの違いです。何年も未練を引きずっても生きていける環境って羨《うらや》ましいですね。

02

依存体質な人の口癖は、「ダルい」「眠い」「めんどくさい」

依存体質な人の特徴を挙げます。

・同じ食べ物を頻繁に食べる
・気に入った曲は飽きるまでリピート
・計算しないで散財する
・人ごみが嫌い
・崖《がけ》っぷちにならないとやらない

・口癖がダルい眠いめんどくさい
・目上の人とのコミュニケーションが苦手
・心を許した相手には口が悪い
・人見知りが激しい

これに当てはまっていて「あー、私って依存体質かもー」と思った人はまだ軽症です。

これに当てはまっていても「なに言ってんだ、こいつムカつく！」と思った人は重症です。

03

心と身体は繋がっている
傷心のときこそ規則正しい生活を

別れた恋人を諦《あきら》められないことより、幸せだった自分を諦めきれないことの方が執着が深くなります。自分からはどこまで行っても逃げられないですからね。長く未練を引きずる人は恋人じゃなくて幸せだった自分を諦められないのかもしれません。

未練の根本というのはだいたいが淡い期待なんですよ。

「また復縁できるかもしれない」「ここを直せばもう一度やり直せるかもしれない」など、他人から見たら「いやいやそれはないだろ」と思ってしまうような小さな小さな淡い期待。それが未練の正体なんですよね。

未練を断ち切るということは期待を断ち切るということですから、幸せだった自分を諦められない人にとっては、自分自身の幸せへの期待を断ち切るということになります。だから、なかなか難しいのかもしれないですね。それ故に長く長く未練に苛《さいな》まれるのでしょう。

よく恋愛の傷は恋愛で癒せと言うんですけど、それは最もやっちゃいけないことなんですよ。少し乱暴な物言いになりますが、それは薬物中毒の患者に薬物を与えるようなものなんです。恋愛依存まっしぐらになってしまいますので、まずは恋愛から自立することが先決なんですね。

まぁこういう傷心のときは規則正しい生活習慣が一番の良薬です。心と身体《からだ》は繋《つな》がっているものでして、心が病むと身体も病んでしまうもの。逆に身体が健全になれば心も健全になったりしますからね。経験上これが最も有効な手段だと思いますよ。

生活習慣がしっかりしていれば、あとは時間が解決してくれます。愛が時間を忘れさせてくれたように、今度は時間が愛を忘れさせてくれるでしょう。

04

自分磨きが終わるころには自分をフッた男はどうでもよくなる

「絶対キレイになって、絶対もう一度振り向かせてやる！」と思って、頑張って頑張って、キレイになって、やっと相手が振り向いてくれるころには、もうどうでもよくなっていたりするのです。

まぁまぁお別れというのは、フッた方とフラれた方で上下関係が発生してしまうのですが、それを必要以上に感じてしまうのは、フラれた方なんですよね。

自分で自分を「情けない女」に仕立てあげて、その劣等感から相手と上下関係を築き、その上下の差異が大きければ大きいほど痛い思いをするっちゅーわけです。

まぁ、通常は時間がその上下の差異を埋めてくれるものなんですけどね。そして、アクティブな人は、行動でその差異を埋めようともがきます。その手段が自分を磨くことなんですよね。

「もう一度振り向いてほしい」という欲望が原動力になっている自分磨きなんですが、だいたいは自分が決めたラインに到達する前に上下の差異は埋まって劣等感からは解放されているものなんですよ。

欲望は劣等感から生じるものですから、劣等感から解放された時点でその欲望はどうでもいいものになっちゃうってスンポーなんですね。

でも別れた男って不思議なもので、どうでもよくなったころに連絡をしてきたりするんですよ。成仏できない霊と同じカテゴリですよね。

05

「友達に戻りましょう」は最もヘタクソな別れ方

別れてすぐに友達に戻れるわけじゃないんですよね。

一度他人に戻らないと、友達にも戻れないんです。**すぐに友達に戻れる程度の想いじゃなかったから、恋人だったんでしょう。**別れるときに友達に戻ろうなんて気休めは、傷が深くなるだけ。

Ｔｗｉｔｔｅｒやメルマガでたくさんのお悩みに触れさせていただいてるんですけど、その中でも断トツで多いのが、「別れた恋人を忘れられない」というお悩みなんです。

別れ話がヘタクソだと未練も長く引きずるものでして、その最たるものが「友達に戻りましょう」という別れ話なんですよ。もしかしたらもう一度やり直せるかもしれないなんて、少しでも甘い期待を抱《いだ》いてるといつまで経《た》っても忘れられないんです。甘っちょろい期待がいつまでも自分を苦しめるんです。

忘れられないのは期待があるから。期待を手放すことが失恋から解放される一番の近道なんです。「友達に戻りましょう」という別れ話は少なからず繋がりが残っているわけでして、その繋がりが期待になってしまうんですね。冷静になって考えてみれば「友達に戻りましょう」なんて言葉はただの詭弁《きべん》だとわかるんですけどね。失恋したときというのはある種の禁断症状を起こしているようなもので、そこに期待があれば追い掛けてしまうんですよ。

別れ話をする側が、なるべく相手を傷付けないように優しい嘘を織り交ぜたくなるのもわかりますが、その優しい嘘が長く長くその人を傷付けることになってしまいます。

優しい嘘より厳しい現実。厳しい現実を優しく伝えるのが上手な別れ話だと思いますよ。一度他人に戻らないといけませんね。

06

好きなだけの恋愛は消耗品 賞味期限切れに効く感謝と敬意

長く付き合っていると、「好きだ」という感情が薄くなる時期があります。**そういうときにふたりを繋ぎ止めておくのが、感謝と敬意なんです。**その感謝と敬意があれば、また何度でも好きになれるはずなんです。だからどれだけ好きでも、敬意も感謝もない関係は短命なんですよ。

恋には賞味期限があってですね、脳内のドーパミン云々《うんぬん》セロトニン云々エストロゲン云々……まぁそこら辺の小難しい話は面白くないので割愛しときますが、恋愛初期の高揚した感情というのは長くもって3年程度と言われています。人それぞれに恋愛のスピードというのがありますので個人差はありますが、便宜上3年ということにしておきましょう。この3年の間に何を築き上げていくのかということが、後にくる賞味期限切れになった状況のときに大きな影響を与えるわけです。

好きだという感情に任せてただラブラブチュッチュアハンアハンしているだけの関係だと、賞味期限切れになったときに何も残らないわけですね。ここでふたりを繋ぎ止めておくのが敬意と感謝なわけで、この3年の間にどれだけお互いに敬意と感謝を持てる関係を築くことができるのかということが、そのときの明暗を分けるわけです。

敬意と感謝は話し合いから生じるものでして、一番いい話し合いができるのはお互いに幸せを感じているときなんですよ。人間は、幸せを感じているときが最も素直になれるときで、素直になれているときほどいい話し合いができるんです。なのでこの3年というのは最も話し合いに適している期間でもあるわけですね。

幸せなときほど話し合いを怠らないこと。話し合いから生じた敬意と感謝が倦怠期《けんたいき》からふたりを守り、もっともっと深く愛し合うことができるっちゅーわけです。

07

過去を「なかったこと」にするのは、辛い思いを引きずる人の傾向

辛《つら》い記憶というのは、その記憶から学んでそれが身についていて自分に必要がなくなったときに、はじめて忘れることができるんです。

そしていつか思い出したときに、辛い記憶だけが消えてキレイな思い出になっているんです。

まだ忘れられない辛い記憶があるということは、まだ学ぶべきことがあるということなんですよ。

いつまでも辛い思いを引きずる人にはある傾向がありまして、それは過去を「なかったこと」にしようとしていることなんです。

もちろん過去はなくなりませんから、いつまでも過去をなかったことにしようとすると、いつまでも辛い思いを引きずってしまうことになるんですね。

辛い思いをした過去の自分を記憶の奥に閉じ込めてしまうと、この閉じ込めた過去がトラウマになってしまうわけです。

トラウマというのは後の自分の人格にずっとずっと影響を与えてしまうもので、そこから解放してあげない限り苦しい思いがずっとずっと付きまとうわけです。

過去の自分とちゃんと向き合い学ぶこと。その学んだことが身についたときに、脳は「もうこの記憶はいらないものだな」と判断して削除してくれるわけなんですよ。

忘れよう忘れようとすればするほど、過去の自分が「忘れないで！」と後ろ髪を引っ張り、「忘れないよありがとう」と思えるほどちゃんと向き合えば、過去の自分が「忘れていいよ」と背中を押してくれるものなんです。

08

自分を変えたいなら離れていく人に執着しない

変わるときって、人が離れていくときでもあります。でも、それを怖がっていたら今の自分を変えることはできない。

離れていく人より、これから出会う人を大切にしたいものです。

人が変わるとき、人が離れていくというのは、もうどうしようもないことなんです。その関係にしがみついていたら自分を変えることなんてできないわけです。

それを恐れて集団から抜け出せず、自分らしさと引き換えに得た自分の居場所なんて

窮屈なだけなんですよ。

変わるときというのは、人が離れるときでもあるんですけど、それでも変わらずに見守ってくれる人もいるんですよね。これから出会う人と変わらずに見守ってくれる人。こういう人達の関係の中に、自分らしさの居場所があると思うんですよ。

変わり続けることが、人間関係を最適化する最も有効な手段になるんです。

09

すべてを知ろうとすると、すべてを失う。それが、恋愛なんです

好きな人の全部を知らなくてもいいんです。知らないことは知らないままでいいんです。知らないことは信頼しとけばいいんです。全部を知ろうとすると、全部を失うことになります。

全部を知りたいということは、オープンな関係を目指しているということなんでしょうけど。オープンな関係というのは、束縛のない自由な関係という風なニュアンスに聞こえて、それに憧れを抱く気持ちもわかるんですけど。

それを強要したら立派な束縛なんですよね。

オープンな関係になりたいがために相手の秘密を認めず、その秘密を受け入れる覚悟もなしにその秘密を暴き、結果すべてを失ったという人が、それはもう、たくさんいらっしゃいます。

ではなぜオープンな関係になりたいのかと言ったら、その人の知らないところが不安だからなんですよね。そこを信頼できる愛情を持ち合わせていないからすべてをオープンにしたくなってしまうんです。

その人の知らないところを信頼できないのは、自分の知られていないところに不安があるから。自分に後ろめたい何かがあったりするわけで、結局は、不安要素を相手に投影しているだけなんですよ。

知らないところは知らないままに。そこは暴くところではなく信頼するところ。不安なところこそ愛情を注ぐべきところなんですよ。

10

恋人のことよりも「恋人に愛されている自分」が好きな人

別れた恋人を諦められないことより、幸せだった自分を諦めきれないことの方が、執着が深くなります。自分からはどこまで行っても逃げられないですからね。

長く未練を引きずる人は、恋人を諦められないんじゃなくて幸せだった自分を諦められないのかもしれませんね。

まぁ、失恋というのは多かれ少なかれ未練を引きずるものなんですけど、たくさんの相談に触れさせていただいているとですね、そんなに引きずるか!? ってくらい長く長く引きずっている人がたくさんいらっしゃるんですよ。それはもう未練というより執着なんですよね。

こういう人の多くはですね、恋人とお付き合いをすることで自分の幸福感をすべて恋人に託してしまっていた人なんです。

つまりですね、恋人を自分の幸せのための道具にしてしまっていたわけです。こういう寄りかかりぶら下がるような恋愛体質だとですね、その人そのものよりも「その人に愛されている自分」が大事になってしまうんですね。

その人を失った失望感より幸せだった自分を忘れられないという失望感が大きくなってしまうと、自分からはどこまでもいつまでも逃げられないわけですから、長く長く未練を引きずってしまうというスンポーなんですよね。

またこういう人は失恋を新しい恋愛で塗りつぶそうとする傾向もあります。いつまで経っても恋愛から自立できない悪循環にハマってしまうのでご注意を。

男がいなきゃ幸せのひとつも見つけられないような女になっちゃいけねえぜ。

11

痛みを感じられるのは前を向いている証

昨日Ｔｗｉｔｔｅｒでこんな相談を受けました。

「あおいさん、人生に絶望したときはどうすれば良いですか？　どん底です」

「どん底です」とありますが、人間にとってのどん底というのは、自分の幸せを放棄して絶望も感じなくなってしまった人の居場所なんです。

自らの幸せを放棄してしまっているわけですから、不幸であることに傷付かないわけなんですよ。

では「絶望」とは何なのかと言ったら、幸せになりたいという希望が傷付いた痛みです。それを人は絶望と呼ぶのではないか、と思うわけです。

まだ幸せになりたいという希望を棄《す》てていないからこそ、辛い思いをしたり心を痛めてしまうわけですね。**自分の幸せさえ諦めてしまったら涙なんて出やしません。**

笑いたい明日があるから、泣いてしまう今日もあるっちゅーことです。

痛みを感じられるということは、前向きな証《あかし》でもあるんですよ。前さえ向いていればなんとかなる。心配すんな。

12

裏切られた経験からではなく裏切った経験から人間不信になる

私にくる相談には「人を信じられない」というものが結構あるんです。

こういう人達の相談を読んでいるとですね、だいたいは人から裏切られた経験が人を信用できなくなった要因だと思い込んでいるんですね。

でも少し話を掘り下げて聞いてみると、そもそも裏切られた原因はその人をあまり信じていなかったことにあったりするんです。携帯を盗み見たり過剰な嫉妬に苛まれたり、ちゃんと信じていなかったことが本当の要因だったりするんですよ。

じゃあ人を信じられない原因は何なのかと言ったら、人から裏切られた経験ではなく人を裏切った経験に原因があるんです。

もっと言えば、その裏切った経験をなかったことにしようとしているケースが多いです。なかったことにしようと記憶に蓋をしてしまうとですね、いつまでもその裏切った自分が許せなくなるんです。ことあるごとに他人にその裏切った自分を投影して、人を信じられなくなってしまうわけですね。

人から裏切られた経験から人間不信になるのではなく、人を裏切った経験から人間不信になるということです。

13

「嫌いになったわけじゃない」は修復不可能な別れのセリフ

よく別れ話なんかで、「嫌いになったわけじゃない」って言葉を耳にするじゃないですか。これを言われると、じゃあまだやり直せるかも！　とか思ったりするじゃないですか。その言葉に期待を抱いたりするじゃないですか。でも実はこれ、最もやり直しの利かない心理状態なんです。

「嫌いになったわけじゃない。でももう好きなわけでもない」

これはですね、嫌いという心理の上をいく「無関心」という心理の表れなんですよ。

もう好きとか嫌いとか以前に、恋愛対象として関心がなくなってきているわけです。

私はよく、他人に戻ることが別れるということですよと、Ｔｗｉｔｔｅｒやメルマガで言ったりしているんですが、この「嫌いになったわけじゃない」というセリフを別れ話に持ち出す人こそ、別れたらあっという間に他人に戻りますよ。相手には期待を持たせておいて自分はとっとと他人に戻ってしまうんです。

ですのでね、「嫌いになったわけじゃない」と言われたら、その関係はもう修復は不可能だと思った方がいいですよ。

14

ふたりの世界で愛し合っていても幸せは続かない

その人を愛するということは、その人の人間関係も愛するということです。

人はひとりで生きていけませんから、その人にも家族、友達、仕事仲間など、色んな人達と築いてきた関係があるでしょう。だから、**ふたりで愛し合っているだけじゃ足りないんです。周りから愛されるふたりになっていかなきゃダメなんです。**

そのためには、ふたりで周りの人達を愛していかなきゃならないんです。ふたりだけで幸せになった人はいないんです。

まぁこれは当たり前のことなんですけどね。その当たり前が見えなくなってしまうのが盲目の恋ってやつですね。

まぁふたりが幸せにやっていけてるということは、周りからの祝福が必ずあるものでして。その祝福というものは、必ずしも言葉によるものだけではなくて、その多くは見守ることで祝福しているものです。

お互いが見つめ合っているだけじゃ、この祝福に気がつかなくなってしまうんですね。お互いが同じ方向を向いたときにこの祝福に気付き、それに感謝できるんです。その感謝がふたりをより分かち難く結び付けるものになるんですよ。

どんなに愛し合っていたとしても、ふたりだけの結び付きは意外と脆《もろ》いものですからね。周りから愛されるふたりになっていかなきゃダメなんです。

15

気持ちを手放すために、三つの「しないこと」

Twitterでこんな相談をいただきました。

「1年と数カ月一緒だった彼にフラれました。もう泣いて泣いて泣きまくりです。こういうときはどう考えればいいですか？」

「どうしたらいいんだろう」「何をしたらいいんだろう」と、何かをすることで忘れようとすると、忘れたいけど忘れられないという、堂々巡りにハマってしまうんです。

これはですね、失恋を忘れるためという名目でアクションを起こしているわけですから、そのアクションを起こしているうちは、その枠からは決して逃げられないんです。

失恋を忘れるために必要なことは、何をするかより何をしないかなんですよ。

・忘れようとしないこと
・嫌いになろうとしないこと
・復縁を期待しないこと

等々、まだまだたくさんあるんですけどね。主なものはこの三つです。この三つのしないことは、気持ちを手放すこととイコールなんですよ。

忘れるときというのは、いつ忘れたのかわからないくらいに、いつの間にか忘れているものですからね。

16

痛い思いを棄てるか育てるか。人が変わるときの分かれ道

人間ってやつは、痛い思いをしないと変わろうとしないものです。変わらざるを得ない状況になって、はじめて変わろうとするものですね。

その変わらざるを得ないときになって、大事なものを棄てて堕落するか、大事なものを育てて成長するか——。そこが大きな分かれ道となるんです。

良くも悪くも、人が変わるときというのは、その節目節目に痛い思いがあるものです。まぁ、悪い方に変わるのはあっという間なんですよ。もうホントに転がり落ちるように変わり果てていくものなんです。

ここで言う「大事なもの」とは実は痛い思いそのものなんです。**痛い思いを棄てるということは、自分に非はないと思い込むことでして。それは転じて、相手が悪いと思い込むことなんです。**そうやって、痛い思いをすることから楽になろうとしているわけなんですね。

楽を選ぶわけですから、登るより下る方を選んでいるわけです。よって、コロコロと転がり落ちるようにあっという間に変わり果ててしまうんです。

一方良い方向に変わるときというのは時間が掛かるものです。痛い思いを受け入れ、それを消化し、同じ過ちは二度としない経験として成長するわけですね。

まぁ痛い思いというのは成長の芽みたいなものですから、それを摘み取ってポイしちゃうのか、大事に育てて経験という花を咲かせるのか。その違いですね。

今日降る雨は、明日咲く花のためなんだぜ。

17

上手くいかなかった恋愛ほど未練を引きずる

こんな相談をいただきました。

「辛いことの方が多かったけど、別れを告げられたとき、泣いてしまって受け止められないのはなんででしょうか？」

順風満帆で幸せいっぱいだったお付き合いの方が未練が残る気がしちゃうんですが、実はこれ逆なんです。**あまり上手くいっていたとは言えないお付き合いの方が未練はよ**

り残るんですよ。「自分さえ我慢すれば……」という心理に陥りやすいんですよね。

上手くいっていないフラストレーションを好きだという感情で圧《お》し殺し、今の不幸と引き換えに未来の幸せを望んでしまっているんですね。つまり今の我慢と等価交換で未来の幸せを手に入れようとしているわけです。

そこで別れを告げられるとですね、あんなに我慢したのに……あんなに頑張ったのに……と、信じて疑わなかった未来の幸せを奪われてしまったことにより、別れを受け入れられなかったり、未練な気持ちをより引きずったりしてしまうわけですね。

一方上手くいっていたお付き合いの場合はですね、意外と未練は引きずらないんです。別れたばかりのときは辛いですけどね。立ち直りは意外と早いんですよ。

それはですね、感謝があるからなんですよ。**「ありがとう」という幸せだった過去への感謝ができですね、残った未練をキレイに洗い流してくれるんですよ。**

無駄に未練を引きずる傾向のある人は、あまり良いお付き合いができていなかったのかもしれませんね。

18

素直な話し合いには素直な耳が必要

ケンカになると無視をキメ込むのは男性に多い特徴だそうです。電話に出ない、メール無視、ＬＩＮＥ既読スルー……等々、これ等もへそを曲げた男性に多く見られる傾向なんですけどね。長い人だと1カ月くらい無視をキメ込む人もいるみたいです。

まぁ、無視合戦をすると先に音を上げるのはだいたい女性です。無視に耐えられなくなり、ドアを閉める音で感情表現したり、歩く足音で感情表現したり。それでも無視をされるとキレだし、そして男の無視は延長される……。

男は女の口撃に耐えられずに無視をし、女は男の無視に耐えられずに口撃する。そんな悪循環にハマり、ケンカをするといつも長期戦になってしまうという、お悩みも少なくないです。

これはですね、お互いに聞く耳を持ち合わせていないのが原因なんです。女は言いたいだけで聞く耳を持たず、男は言いたくないから聞く耳を持たない、といった感じです。

長くお付き合いをするためには素直な話し合いが必要不可欠なものです。素直な気持ちは耳に宿ると言いまして、素直な話し合いに最も大切なものは素直な耳なんですね。**素直な耳が素直な言葉を生み、素直な話し合いができるってスンポーです。**

愛し合うということは、愛するということを話し合い続けるということですからね。

19

過去の失敗は過去から自立したときに教訓になる

「付き合ってほしい、幸せにしてほしい、もう一度やり直してほしい……。ほしいほしいと自分の幸せばかりを願った恋愛は、いったい誰に恋してたんだろう、いったい何に恋してたんだろう」

この元ネタは大学のときの自分の日記でして、まぁ若気のいたりです。こういうのは、ひとつの恋愛が終わってひとりに戻り、その失恋から解放されて恋愛から自立できたときに、やっとたどり着く疑問だったりします。実は、限りなく正解に近い疑問かもしれません。

だからひとつの恋愛が終わったら、ちゃんと恋愛から自立することが必要だと思うんです。恋愛の渦中にいたらわからないことに気付いたりしますからね。

海を泳いでる最中は、海の広さはわからないってことですかね。

20

フッた方は罪悪感に苛まれ、フラれた方は喪失感に苛まれる

フラれた方は、「情けない」思いから、「愛情」から「情」がなくなり、愛だけが残る。
フッた方は、「愛せない」思いから、「愛情」から「愛」が奪われ、情だけが残る。

フッた方もフラれた方も、いくばくかの寂しさは残るものです。フラれた寂しさは愛であり、フッた寂しさは情であるということなんです。喪失感に苛まれるのはフラれた方ですが、罪悪感に苛まれるのはフッた方だったりします。

別れるということは、どちらも無傷ではいられないということ。また別れに傷付かないようなお付き合いはしてはいけないということ。フッた方もフラれた方も別れが辛いと感じるのは間違いではなかったということ。

恋人と別れたときは辛くて正解なので、どうか安心して辛い思いをしてください。

21

執着することと一途であることは違う

Ｔｗｉｔｔｅｒでこんなメッセージをいただきました。

「元彼が忘れられません。一途《いちず》って損だと思います」

これはですね、執着することと一途であることを混同しています。これらは全く逆の性質を持っているものなんですよ。

執着するということは、何かしらの期待を残しているということ。期待を残しているということは、何かしらの見返りを求めているということなんです。執着してしまう人というのはですね、自分のすべてを捧げ自己犠牲の代償に愛情を求める傾向があります。「こんなに愛したのに……」という見返りを求めてしまう心理ですね。自己を犠牲にするということは、自分を嫌いになってまで好きになろうと執着することです。

なので、執着してしまうタイプの人は、自分嫌いが多いんです。自分のことが大好きだったら、みずから自分を犠牲にしてボロボロに傷付くことはあまりしないものです。

自分のすべてを捧げる必要はありません。愛するということは、愛情を分け与えるということです。全部もらうより「はんぶんこ」にしてくれた方が、何か深い愛情を感じるでしょ？　それでこそ見返りを求めない愛情が成り立つものです。

それが一途に愛するということ。別れれば未練は残りますけどね。一途に愛した人ほど、それに執着することはないものですよ。

22

いい恋愛ほど引きずらない感謝が未練を手放してくれる

未練は誰にでもあるものなんですけどね、その未練を追いかけてしまうことが執着なんです。

執着してしまう失恋というものは、あまり幸せとは言えなかった恋愛に多いですね。あんなに我慢したのに……あんなに辛い思いをしたのに……と思ってしまうような恋愛に執着しがちです。

つまりですね、執着というものは幸せの取り立てみたいなもんです。

責任持ってちゃんと幸せを返しなさいよと、毎日幸せの督促状を送りつけてるようなものですね。なので、未練は残ってもちゃんと幸せと言えた恋愛をしてきた人は、それを追いかけることはしないんです。

未練とはその恋愛を振り返ることですから、そこに感謝できる幸せがある恋愛なら、その感謝が未練を手放してくれるんです。いい恋愛ほど引きずらないものなんですよ。

23

出会いは運命だったとしても、そこから先は自分の力

Ｔｗｉｔｔｅｒでこんなメッセージをいただきました。

「『運命の人』っていると思いますか？」

出会わなきゃいけない人なんていませんけども、人生というのは不思議なものでして、自分に必要なタイミングで自分に必要な人との巡り合わせがあるものなんですよね。

これは恋愛に限ったことではないんですけど、そういう意味では今まで出会った人すべてが運命の人と言えるのかもしれません。

でも残念ながら運命というものは、出会いまでしか面倒をみてくれません。そこから先は自分の実力です。幸せは運任せでどうにかなるものではないです。

運命の人というのは幸せにしてくれる人とは異なります。**出会いは運命かもしれないけど、その運命を幸せに導くのは自分の実力です。**

「運命の人信者」さんの悪い癖は、別れた原因でさえも「運命の人ではなかった」というお粗末な結論になりがちなこと。お気をつけくださいね。

24

涙は記憶を刻むもの 泣けた過去は財産となる

ときどき「泣いてばかりの自分を変えたい」というようなメッセージをいただきます。ですが、泣くことは恥じることではないんです。

泣きたくないのに泣いてしまうことより、泣きたいのに泣けないことの方が、精神衛生的に根が深くて厄介《やっかい》な問題だと思うんです。

泣くという行為はですね、その感情と共に今を記憶に刻むことなんです。泣けた映画やドラマなんかをいつまでも覚えているのは涙のお陰だったりするんですね。

ですのでね、涙脆い人ほどたくさんの思い出を持っているんです。

過去というものは自分への教訓になるものですから、泣けた過去をたくさん持っている人ほど、笑える未来への教訓をたくさん持っているものなんですよ。

泣けた過去は財産です。涙脆い人ほど豊かな財産を持っています。その財産をどう未来へ投資するかがこれからの課題になりますね。

ちなみに泣けなくなってしまった人ほど記憶が曖昧《あいまい》になりがちで、教訓にするべき痛ましい体験も忘れてしまう傾向があります。後で振り返ってみると、何も残っていない過去になってしまったりするんですよ。そっちの方が怖いことなんですよ。

涙は感情と共に今を記憶するスイッチ。だから安心して泣いてください。

25 女は自分を守るために別れた男を友達以下の存在にする

男性から「友達に戻りましょう」と別れを告げられたら、それは友達以上の関係に戻りましょうということ。女性から「友達に戻りましょう」と別れを告げられたら、それは友達以下の関係に戻りましょうということ。

男にとって別れた女とは、いつまでも友達以上の存在であり、女にとって別れた男とはいつまでも友達以下の存在になります。**男にとって別れた女とは忘れたくない存在であり、女にとって別れた男とは忘れたい存在なんです。**

これは、感受性の性差の違いから生じる傾向なんですよ。

女性は感受性の生き物ですから、幸せなときは男性よりも幸せを感じているものなんですけど、別れたときは男性よりも辛い想いを感じているわけです。

その辛い想いが、脳にこれ以上の辛い想いは危険だ！　というシグナルを送るわけです。そうすると自己防衛のために感情を切り捨ててしまうんですね。

別れた男を友達以下の存在にするのは、そこが女性にとって安全な距離感だということですね。

だから女は感情がなくなると信じられないくらいに冷たく豹変《ひょうへん》したりするんです。

ちなみにですね、未練を引きずるタイプの女性は、現実を受け入れていないから自己防衛が働くほどの痛みを感じていないわけです。だからいつまでも未練を引きずることができてしまうんですね。

要するに、別れたときにちゃんと現実の痛みを受け入れることができたなら、感情を切り捨てることができるというわけです。

26

泣き言は言わずに泣いて涙を流すんです

Twitterでこんなメッセージをいただきました。

「私は泣きたくてもどんなに辛くても泣いたら負けだと思ってしまい泣きません。泣いたってなんの意味もないじゃないですか。何にも変わらないのに。そんなの時間の無駄じゃないですか？」

泣かない生き方を選択するとですね、泣かないために人と関わることを避け、泣かないために一生懸命にならず、泣かないために深く考えることをせず、泣かないために欲も持たず、何事にも無関心、何事にも無感動になってしまうんです。

泣かない生き方なんて実は安易なものなんですよ。自分自身を諦めてしまえば涙なんて出てきてくれないですからね。

泣かないことは強さではないです。泣くことに臆病《おくびょう》になっているだけです。

泣き言を言うのは弱さだと思いますけどね。泣き言を言わなかった強さが涙になって出てくるものなんですよ。

27

別れの言葉に優しい嘘は必要ない

失恋してからも相手に執着してしまう人というのは、別れに優しい嘘という毒を盛られてしまった人に多いんです。

「嫌いになったわけじゃない」「友達に戻りましょう」「少し距離を置こう」……など、まぁ、どれもあなたを傷付けないための優しい嘘なんですけども、この優しい嘘が復縁への期待を残してしまい、相手に執着してしまう毒になってしまうわけですね。

「嫌いになったわけじゃない」という優しい嘘は、好きなわけでもない、つまり無関心という修復不可能な別れの言葉です。

「友達に戻りましょう」という優しい嘘は、あなたとは本気ではなかったという残酷な告白になります。本気で付き合っていたのなら友達になんて戻れるわけがありませんからね。

「少し距離を置こう」という優しい嘘は、他人の距離になりましょうということ。もしくは都合のいい距離になりましょう、という意味合いを含むケースも少なくありません。

別れを告げられたときは、相手と別れたくなくて藁《わら》にもすがる想いになっていますから、優しい嘘だとわかっていても、そこに希望があれば付いていってしまうものなんですよ。

キレイに別れられるくらいの関係なら、そもそも別れる必要のない関係ですからね。そんな関係を演出するのが優しい嘘。別れる必要のない関係を偽るわけですから、そこに執着の原因ができてしまうんです。

別れを告げられたとき、優しい嘘という毒に惹《ひ》かれないようしっかりしましょうね。

28

繋がりやすいが離れにくい
SNSは未練地獄

人間関係において縁の繋がりというものは、とてもとても大切なことなんですけども、それと同時に縁を切り捨てることも、とてもとても大切なことなんですよね。両方があって人間関係というものは最適化されていくものなんです。

そう考えると、SNSというものは縁の繋がりには特化しているものなんですけど、縁を切り捨てるときのことを考えるととても難しいものでもあるんです。

別れた恋人をSNSで追って今何をしているのか覗《のぞ》いてみたり、切るべき関係でも繋がりが提供されているというのは難点ですよね。

ＳＮＳがコミュニケーションのメインツールとなっている今の環境は、縁を切りにくく未練を引きずりやすい。見方によっては病みやすい環境と言ってもいいのかもしれません。

未練を断ち切る覚悟というものを、ひと昔前よりも大きく要求される時代ですね。

29

不平不満ばかり口にするのは暇人の証

ネガティブな感情の連鎖から抜け出せない人には共通点がありまして、それはですね「暇に潰《つぶ》されていること」なんですね。

悩みや愚痴、人の悪口……など、ネガティブな感情が溢《あふ》れるときというのは決まって暇なときなんですよね。忙しかったり充実しているときは、目の前のことに必死でそれどころではなくなりますからね。

暇な時間というのは多かれ少なかれ誰にでもあるものなんですが、普段から充実している人ほど、暇な時間は癒しの時間になります。

つまり日常に充実感がない人ほど、暇になるとネガティブな感情が溢れ、暇に潰されストレスが蓄積されるという連鎖に陥ってしまうわけですね。

日常をいかに充実させるのかがネガティブから抜け出すポイントになるわけですが、ネガティブの連鎖に陥る人ほど、充実は誰かから与えられるものだと思っている節があるんですよ。

自分からはアクションせずにただ与えられるのを待っているだけ。そんなふうに受動的に考える節があるんです。

しかし、もちろんそんなもの誰かが与えてくれるわけじゃありません。すると充実を与えられないことに不平不満を感じてしまい、その不平不満が暇なときに溢れ出し、暇に潰されてしまうというわけなんですよ。

充実は誰かから与えられるものではなく、自分自身の創意工夫で積み重ねていくものですからね。

暇でない時間の意識改革が、ネガティブな感情から抜け出す最善策になるはずです。

30

別れた彼氏と違うタイプの人を好きになったら成長した証

惚《ほ》れっぽくて冷めやすくお付き合いする人が頻繁に入れ替わるタイプ、という人にはある傾向があります。それはですね、同種のタイプを選んでいるということなんです。それが過去の恋愛を忘れられないからなのか、ただの自分の理想のタイプなのかは様々なんですが、後者にこの傾向が多く見られるんです。

つまりですね、ひとつでも理想のタイプに当てはまる条件がある人に出会うと、恋愛アンテナがビビビッ！　と反応しちゃうわけですね。そこでお付き合いをするじゃないですか。そうすると、今度は自分の理想のタイプと異なる点が気になり始めてしまうんですね。この時点から急激に冷めていってしまうというスンポーなんです。

失恋直後にもよく見られる傾向なんですが、寂しさを埋めるための恋愛というものは、どうしても寂しさの元凶となる前の恋人の幻想を追い求めてしまうものでして、無意識のうちに前の恋人と同タイプの人を選んでしまうんですよ。**でも同じ人間なんているわけもなく、次第に前の恋人とは異なる点に違和感を覚えてしまうんですね。そこで寂しさを埋めていただけの恋愛に気付き、罪悪感に苛まれるというわけなんです。**

失恋から自立した人というのは、ちゃんとその人のことを忘れることができた人でして、忘れるということは無関心になるということですから、前の恋人と同タイプの人にはあまり関心を示さないようにできているんですよ。

前の恋人とは全く異なるタイプの人とお付き合いをする傾向のある人は、失恋からちゃんと自立できた人が多いのですが、前の恋人と同タイプや自分の理想のタイプを追い求める人は、恋愛に条件を設けていることになります。条件付きの恋愛を追い求めているうちは、無条件に愛せる恋愛には巡り合えないということですね。

31

「尽くす」ということは、話し合いを惜しまないこと

Twitterでこんな相談をいただきました。

「とにかく彼を甘やかしてしまいます。友人に『あんたは優しすぎて男をダメにしてしまう』と言われました。男をダメにしてしまう恋愛は良くないですか？」

例えば、ケンカをして自分が悪いと思っていなくてもすぐに自分から謝ったり、一緒に住んでいるときに家事をすべて請け負ってしまう人がいますが、その人の行動の裏に

は、「その方が楽だから」という心理が働いているんですよ。

つまりですね、ケンカになったらちゃんと話し合うよりも、さっさと謝ってしまった方が楽だという心理です。家事の分担も、ちゃんと話し合って決めるよりも自分がやってしまった方が楽だという心理です。「優しい」というよりも、「モメたくない」という気持ちがあるんですね。

優しすぎて男をダメにしてしまうというよりも、楽を選んで男をダメにしてしまうわけなんです。

「尽くす」ということは、黙ってすべてを請け負うことではなく話し合うことを惜しまないということなんですよ。

全部貰《もら》うより、半分ずつに分けた方がずっとずっと愛情は感じられるものですからね。そのためには話し合いは避けて通れないものなんですよ。

だからですね「この人のためなら何でもできる!」という人より、「この人だったらちゃんと話し合える」という人の方が長く長くお付き合いできる人なんです。

32

自分を好きになることが恋愛から自立する第一歩

未練を断ち切る過程というのは、だいたいの場合が、未練を断ち切らなきゃ自分が保てないから、仕方なく、という決断で断ち切るんですよね。

これ以上引きずると自分が嫌になってしまうという自己防衛で未練を断ち切ることがほとんどなんですよ。つまり自分自身を嫌いになってしまうことはしたくないんです。

未練というものは「やり直したい」という期待から生じるものです。なので、そんな期待を抱いて自分を嫌いになるくらいなら、期待なんか棄ててただ寂しいだけの方がいい！　という自分を嫌いにならないための自己防衛なんです。

このとき自分を好きになれるような力が作用するわけなんですけど、これが自分を成長させる力になるわけなんですよね。**自分を好きになりたいという思いが自分を精神的に成長させてくれるわけです。**これが恋愛からの自立になるわけですね。

恋愛から自立できなければ、自立した恋愛はできない。その人を好きな自分を嫌いになったら、その恋愛はもうおしまいということです。

33

「距離を置きましょう」は最もズルい別れ方

「少し距離を置きましょう」という別れ話がよくありますね。

これはですね、言われた方としては少なからず期待が残ってしまう言葉です。会わない時間を設ければやり直せるチャンスはまだあるんだ……という期待が残ってしまうわけです。

でも言った方としては、別れた瞬間からあっという間に遥か彼方の遠い遠いもう手の届かない距離まで気持ちが離れてしまうことが多いんですよ。付き合っていたころがあっという間に遠い過去になるほどのスピードで距離が離れていくんです。

「距離を置こう」と言われた方はですね、期待が後ろ髪を引くので1カ月前のことが昨日のことのように思えて、なかなか距離が広がらないゆっくりとしたスピードになってしまいます。ですので、これを言われると長い長い間未練に苦しむことになってしまうんですよ。

別れを切り出したいときに「距離を置きましょう」と言う方は、なるべく相手を傷付けないように配慮して選んだ言葉なのかもしれませんが、結果的に長い長い間傷付けることになってしまうんです。

別れ話を言われる方としてはですね、そこに僅《わず》かな希望があればそれにすがってしまうもの。**そんな希望や期待を持たせてしまうような中途半端な優しさは、かえって残酷な仕打ちになってしまうものなんですよ。**

「少し距離を置きましょう」という別れ話と、男が言う「何もしないから！」は真に受けない方がいいですね。

34

忘れようとするのではなく無関心になるんです

好きな人を忘れようとするけど忘れられないパターンとしては、嫌いになろうと思って攻撃的に忘れようとするパターン、好きな人の幸せを願って忘れようとするキラキラパターンの2種類があります。

一見真逆な考え方なんですが、関心を持つという観点から見ればベクトルは同じ方向を向いていているんですよね。

忘れるということは関心をなくすということ。幸せを願うことすらしてあげない。嫌いになろうとすらしてあげないい。別れたからといって特別に何かをしようとはしてあげない。それが関心をなくすための最善策になるわけです。

好きの反対は無関心ですから、関心をなくすことが最も辛い作業になるんですよ。

嫌いになろうとしたり相手の幸せを願ってみたりするのは、辛い思いから逃げるためなので、忘れられるわけがありません。でも、逃げずにちゃんと傷付けばちゃんと忘れられるんですよ。

35

価値観の違いは当たり前
それを許すのが愛情

付き合いも長くなると、お互いの違う価値観が見えてくるものです。
その違う価値観をどちらかが無理矢理合わせようとしてしまうと、価値観を合わせた側としてはその見返りを求めてしまう。

こんなに尽くしているのに、こんなに頑張っているのに、こんなに愛しているのに……と不満が生じ、もっと愛するよりももっと愛されたいと愛情より欲求が先行した気持ちになってしまいます。

愛情より欲求が大きくなったとき、人の心はネガティブに傾き、悲観的になったり攻撃的になったり、気持ちのバランスを失い消耗するだけの恋愛になってしまうんです。

価値観を合わせることが愛するということではなく、価値観の違いを許せることが愛するということ。自分を曲げてまで価値観を合わせた時点で、それはもう愛していませんと宣言したようなものなんです。

36

なかなか別れてくれない男と別れるときの注意

Twitterでこんな相談をいただきました。

「同居している彼との価値観の違いや行動から別れを決心し、別れたいことを何度も言ったんですが別れさせてくれません。こういう人とはどうやって別れればいいですか？」

「別れてくれない男」は神経質なタイプが多い傾向にあります。神経質な男性というのは気が小さいんですよ。不安が神経を過敏にして神経質になるわけですから、きっといつも何かしらの不安を抱えていたんだと思います。

不安になると自分しか見えなくなるものですからね。あなたのことが好きだという愛情よりも自分の不安を埋めるための所有物としてあなたとお付き合いをしていたんじゃないかと思います。ですから「もう愛していませんよ」というこちらの気持ちなんか二の次になってしまうわけです。

さて別れ方ですが、別れたいと思っている側が気をつけなければいけないことは、別れる責任を相手に押し付けないことです。

あなたが悪いから別れるんだと別れの責任を相手に押し付けてしまうと、自分が変わればやり直せるのかもしれないという期待を持たせてしまうことになります。

別れを切り出す方こそ、別れの責任は負うべきなんですよ。別れたいと思った私が悪いんです。でも変われません、ごめんなさい、という別れの理由が相手にとって最も制御不能な別れになるんですよ。長い目で見たらその方がお互いに立ち直りも早いんです。

37

男が飽きる女とは（18歳以上推奨）

読者さんからこんな相談をいただきました。

「コンドームをいつも買っておいてくれるのは彼なのですが、女の子もたまには準備すべきですか？　それから、男の人はほぼ毎日同じ女の人としてても飽きないものですか？　いきなり濃い質問ですみません、お願いします！」

身体の関係における責任は五分五分ですから、女性といえどもいざというときのために持っていた方がいいですよ。ムードもばっちりでお互いにすっぽんぽんになってさぁかかってこいや！　となったときに肝心の「ムスコさんの身嗜《みだしな》み」がないと、急いで着替えて髪の毛振り乱してコンビニにダッシュしなきゃいけなくなりますよ。はぁはぁ息を乱してお買い求めしなきゃならなくなりますよ。

避妊具は女性を守るためのものですから、自分の身くらい自分で守るのが大人のたしなみです。

あと、男性はその人が女性である限り飽きることはありません。**男性が飽きてしまうのは女性であることを忘れてしまった女性だけです。**

だから女性はいつまでも女性でいなければならないんですよ。

38

恋人から都合のいい女に格下げになるパターン（18歳以上推奨）

読者さんからこんな相談をいただきました。

「私がだらしないのが原因で、彼氏にフラれました。けど直せばヨリを戻せる可能性があると言われ、まだ関係が続いています。友達には都合のいい女にされてるだけだと言われますが、一番私が彼のことをわかっているし、別れてますが中出ししていてできたら産もうと言われその言葉を信じています。彼は私をどう思っているんでしょう」

「ここを直せば復縁してあげるよ」的な、条件付きで復縁を匂わせてくる人はほぼ間違いなく都合のいい女目当てなんですよね。条件を満たさなければ愛せないということは、もう無条件には愛せないということですからね。

これは典型的な「恋人から都合のいい女に格下げ」されるパターンです。自分が彼のことを最も理解しているとありますが、これはこの人は自分がいなければダメになるという思い込みから生じるものでして、ダメ男にハマる典型的思考でもあるんですよ。

人は良くも悪くも変わり続ける生き物ですから、決して完全に理解できるものではないんです。だから話し合い続けることが愛し合い続けることになるんです。

あなたが理解しているつもりになっているのは、今の彼とは別人の昔の彼なんじゃないでしょうか。今の彼と向き合うのが怖くて昔の彼の幻影を追っているだけなんじゃないでしょうか。

避妊もちゃんとできないようなだらしない男に、だらしないという理由で別れを告げられた時点でその恋愛はすでに終わっています。

39

前の恋人は赤の他人
その現実を受け入れて

恋人を忘れられない理由は大きく分けて2種類あります。思い出が美化されてしまったか、自分自身が劣化してしまったか、という二つのパターンです。

両方というケースもありますが、だいたいはこの2種類に分けられます。思い出が美化されてしまうケースは、一度忘れることによって悪い思い出だけが消化され、後で思い出したときに良い思い出だけが残っていることが多いです。

ですので、忘れられないというより忘れたくないという思い出に対する肯定の意味合いが強いものなのかもしれません。このケースは過去の自分を肯定するものでもありますから、それほど問題視することではありません。多かれ少なかれそういう思い出は皆持っているものですからね。

問題なのはもうひとつのパターン。自分自身が劣化してしまったケースです。これはその人が忘れられないというよりも、その人とお付き合いしていた自分自身の幸せが忘れられないという心理的要素が強いものなんです。

要するにその人とお付き合いしていたころの自分自身を越えられていないわけですね。**別れによって人は傷付き、その痛みから人は成長していくものなんです。**成長するということは変わることでもありますから、必然的に好きになる人も変わっていくのが自然な流れなんですよ。劣化してしまう人というのは気持ちのどこかで別れを現実のものとして受け入れていない傾向が強いです。

ですので、成長に値しない中途半端な失恋の痛みで劣化してしまうわけなんですよ。

別れるということは、赤の他人に戻るということ。その現実を受け入れることが、そのころの自分を越える一歩になるんです。

40

別れはいつも突然で納得のいかないもの

読者さんからこんな相談をいただきました。

「2年間付き合っていた彼氏に電話でフラれてしまいました。お互い真剣に付き合って深い関係を築いていたのに、電話一本でフラれたことが、何だか腑《ふ》に落ちません。最後に一度だけ会おうと連絡するのは身勝手でしょうか？」

電話ならまだいい方です。今はメールやＬＩＮＥで別れを告げたりすることも珍しくないんですよ。これは特にフラれた方が陥りやすいことなんですが、キレイな別れ方にこだわるあまり、そのこだわりが執着になってしまうんです。

自分が納得できるようなキレイな別れ方じゃないと別れを認めたくないという思いですね。その思いがそのまま執着に結び付いてしまったりするんです。

そもそもキレイに別れられる程の関係なら、別れる必要のない関係。**別れはこちらの都合に合わせてやってくるものではありませんし、納得できる理由が用意されているものでもありませんし、心の準備を待ってくれるものでもないんです。**呆気《あっけ》ないくらいに突然終わってしまったりするのが別れというものなんです。恋愛にキレイな別れなんて望めないものなんですよ。キレイに別れられない関係だから別れる結果になってしまうものなんです。別れ方や理由云々、納得できる材料なんてないと思った方がいいです。別れたという事実だけを受け入れること。それが最も立ち直りの早いフラれ方です。

キレイな別れ方がキレイな思い出になるわけじゃなく、キレイな立ち直り方がその恋愛をキレイな思い出にしてくれるんですよ。

41

別れたら二度と会わない
その覚悟が「尊い今」を作る

読者さんからこんな相談をいただきました。

「私には付き合ってもうすぐ9カ月の彼氏がいます。その人とは付き合ったり別れたりを何度も繰り返して今に至る状況です。ヨリを戻した当初は今度こそ大事にしよう、と思うのですが、それができず、正直今は好きかどうかもわかりません。でもいざ別れようと考えると躊躇《ちゅうちょ》してしまいます。別れたいような別れたくないような感じです。自分でもどうしたらいいのかわかりません」

別れと復縁を繰り返すような恋愛はですね、気持ちのどこかで別れを軽く見ている節があるんですよ。

別れたらもう二度と会わないくらいの覚悟があって、はじめて今の自分の気持ちが浮き彫りになるものなんです。

終わりがあるから今が尊いものになるわけですね。

その覚悟が欠如していると、今の自分の気持ちを見失い、「尊い今」というものが「当たり前の今」になってしまい、本当に好きなのかどうか気持ちに迷いが生じてしまうわけです。

復縁に必要な覚悟とは、今度こそ大事にしようとする覚悟ではなく、今度こそこれで最後にしようという覚悟なんですよ。

別れたら一生会わない覚悟が、一生愛する覚悟に繋がるわけですね。

同じ恋愛は二度しないのがいい女ってもんです。

42

どうしても復縁したいなら まず相手と同じステージに立つこと

読者さんからこんな相談をいただきましたよ。

「このあいだ2年付き合っていた彼氏と別れました。彼氏は私のことは単に冷めただけで嫌いではないらしいです。私は彼氏と復縁したいです。彼氏が好きでたまりません。どうしたら復縁できるのでしょうか」

冷めただけで嫌いになったわけではないという思いが別れの理由なら、それは最も修復が困難な別れなんですよ。

何度も言うようですが、嫌いになったわけではない。かといって好きでもないという想いの正体は、もう関心がないという想いなんです。おそらく末期はケンカさえもできない関係になってしまっていたと思います。

ケンカするのにも相手への関心が必要なものですから、まだケンカ別れの方が修復は可能なんです。

別れた後というのは少なからず未練は残るものなんですけども、その未練も相手への関心がもとになっているものでして、その関心は時間と共にやがて無関心になっていくものなんですね。経緯は違えど、彼は今そのステージにいるわけです。

恋愛というものは同じステージに立つことから始まるものですから、どうしても復縁をしたいというのなら、まずは彼と同じ無関心というステージに立たなければなりません。そこからしか対等な恋愛はできないものなんです。

未練というステージにいる限り、そこには不本意な形の恋愛しか残っていませんよ。

43

DVは洗脳 物理的な距離をとって

読者さんからこんな相談をいただきました。

「彼氏がＤＶ男です。その上、浮気もします。殴ったりしたあとは決まって『さっきはごめんね。俺のこと嫌い？』と言います。一緒にいて苦しいですが、大好きなんです。依存なのもわかっています。どうしたらいいでしょうか」

ＤＶというのは、暴力を振るう本人は加害者であることを理解していないものなんですよ。周りから見ればどちらが加害者かは火を見るより明らかなんですけどね。

本人からすれば、自分は被害者だと思い込んでいるわけです。自分はムカつかされた被害者であり、ムカつかせた女性が加害者だという思い込みですね。**加害者と被害者の関係性を暴力でねじ曲げるのがＤＶなんです。**男性の力に女性が敵《かな》うわけはないですから、「悪いのは自分なんだ」と暴力で罪の意識を刷り込まれてしまうわけです。

ＤＶ男というのは暴力の後に必ず優しく接するものでして、罪の意識で苛まれているところに優しくされると、「自分の罪を許してもらえた、自分は愛されている」と勘違いしてしまうわけですね。相談者さんはこれに記していないんですが、暴力の後に優しくし、優しくした後にセックス、というのがＤＶ男の常套《じょうとう》手段でして、こうして心と身体を支配してしまうわけですね。ざっくりとですがこれがＤＶによる洗脳なんですよ。

これは命に関わる問題ですから恋愛云々の話ではないです。非常に危険な兆候ですから一刻も早く物理的な距離をとってください。あなたは何も悪くありません。あなたは幸せになっていいんです。どうか陽の当たる場所で咲く花であってください。

44

泣けるほどの恋愛ができたということは大成功

読者さんからこんな相談をいただきました。

「私は2年ほど付き合った彼とお別れをしました。この寂しさから脱け出すにはどうしたらよいのでしょうか？　自分では答えが見つからずどうしようもありません」

失恋の寂しさから脱け出す方法はですね、その人を嫌いになること、その人を価値のないものに仕立てあげること、都合のいい女としてお付き合いを続けること、ほかの男で気持ちを誤魔化すこと、違う恋愛に慰めてもらったりすること……こんなところですかね。

でもそれができないから寂しいんですよね。いっそそのような弱さに流されてしまった方が寂しさは紛れるものなのに、弱さに流されずに寂しい思いをすることを選択することは強さなんですよね。ですから寂しくて正解なんですよ。

それが嬉しい涙でも寂しい涙でも、泣けるほどの恋愛ができたということは大成功なんです。

寂しくていいんです、泣いていいんです。何も間違えていません。なので安心して寂しい思いをしてください。**辛いときというのは、自分が大きく成長している途中のときなんですよ。** せっかく失恋したんだ、いい女になろうぜ。

45

別れたらまず赤の他人に戻るのが鉄則

復縁しても、その後がなかなか上手くいかないのは、別れてからのお互いの時間軸に大きなズレがあるのがひとつの原因なんです。

フッた方は、別れてから1カ月経ったとして、その1カ月が1年にも感じられるほどあっという間に時間が過ぎて過去になってしまうもので。

逆にフラれた方というのは、別れてから1カ月経ったとしても、1カ月前が昨日のことのようにずっと過去に縛られていたりするものなんですよ。

同じ1カ月でも、フッた方は1年分の変化をしているものでして、フラれた方は1日分の変化しかしていなかったりするものなんですね。

この時間軸の差が埋まる前に復縁してしまうと、その時間軸の差がフッた方とフラれた方というような上下関係をつくってしまうわけです。

フラれた方はフラれたという劣等感に常に怯《おび》えていなければならなくなるわけでして、フッた方はフッたという優越感からフラれた側の劣等感が邪魔くさいものに感じられたりしてしまうわけなんです。そこからすれ違いが生じて結果的に破綻してしまうケースが多いんです。

復縁を希望するのならその時間軸の差をまず埋めなければならないもので、その差が埋まるときというのは、その人に関心がなくなったときなんですよね。そうしないといつまで経っても体感時間がバラバラのままです。

だから、別れたらまず赤の他人に戻るのが鉄則なんですよ。

46

恋人しかいない人よりも自立した女性の方が魅力的

充実した毎日を送るために、恋愛は必ずしも必要なものではありません。**恋愛が生活を充実させるものではなく、充実した生活を彩るのが恋愛なんですよ。**

恋人がいない人より、恋人しかいない人の方が不幸であるように、「恋愛＝幸せ」というわけではないんです。

恋愛に固執する人というのはですね、恋愛することによって女になれることに悦びを感じている節があるのですけども、逆に言えば恋愛しなきゃ女になりきれない自分がいたたまれないということなんですよね。

だから恋愛を諦めてしまった女性は、女であることを棄ててしまう傾向があるわけです。

恋愛しなきゃ女になれないような人生であってはならないんですよ。

ひとりでも女として自立できるようになってはじめて女としての魅力が身につくものなんです。

女が女であれば、たとえ恋人がいなくたって、そこそこ幸せだったりするものなんです。

ひとりのときこそ「女」になりましょう。

47

ひとりになれない人はふたりにもなれない

「この人が好きだ」という感情はプラスの感情でして、それは安心感を与えてくれるポジティブな感情なんです。

「この人に好きになってほしい」という感情はマイナスの感情でして、それは不安感を覚えてしまうネガティブな感情になるんですよ。

恋愛におけるネガティブな感情というものは、好きだからという理由ではなく、好きになってほしいから生じてしまうものなんです。

マイナスな感情というものは、プラスな感情のように穏やかなものではなく、身を引き裂くような強烈なものになるんですね。

この感情を「好きだから」という理由にしてしまうと、それは「好きすぎる」という勘違いになってしまうものなんですよ。それでも愛情を注いでくれる男性はいるものなんですけどね。

いつかその「好きになってほしい」という欲求がある程度満たされたとき、「本当にこの人を好きなのかわからない」という自分の本当の気持ちに気付き、ある日突然に冷たく豹変し、愛してくれた人を傷付けることになるわけですね。

またこういう人は棄てられると「もっと愛してほしい」と執着してしまう人でもありまして。**「棄てられれば執着し、愛されれば棄ててしまう」というどうにも困った人でして、結局は自分を愛することができない限り同じ恋愛の繰り返しになってしまうんです。**

本当に人を好きになったときというのは、会えない寂しい気持ちさえもどこか穏やかに受け入れられたりしますからね。

ひとりになれない人はふたりにもなれないってことです。

48

前の恋人との思い出の品は処分すべきか否か

思い出の品を処分したからといって、未練が消えるわけでもなく、取っておいたからといって、未練が残るというわけでもないんですよね。

未練がましい人はどっちにしても未練が残るものですし、潔い人はどっちにしてもすぐに切り替えられるものですし、思い出の品と未練との関係性はそれほど深いものではないんですよね。

未練を引きずりがちな人というのは、「その人のことが忘れられない」というよりも、

「その人と一緒に過ごした幸せな自分が忘れられない」傾向にありますから、棄てるのなら思い出の品ではなく「もう一度やり直したい」という「期待」をまず棄てるべきなんですよね。

潔い人というのは真っ先にその期待を切り棄てるものですから、思い出の品の処分にはそれほどこだわらないものなんですよ。

「そんなものあってもなくてもどっちでもいい」と思えるほどの「無関心」になることが「忘れる」ということですからね。

無関心になれば、躊躇なくポイポイ棄てられるものですよ。

49

恋愛の終わりほど中途半端で呆気ないものはない

後悔をする人は、どちらを選択しても後悔してしまうものです。
後悔をしない人は、どちらを選択しても後悔しないものです。

後悔をする人というのは、その選択で正解が決まると思っていますが、後悔をしない人というのは、その選択を正解に導いて行くのは自分自身だと自覚しているものです。

選択を正解に導いて行く原動力というのは勇気です。だから後悔をしない人というのは、迷ったら勇気が必要な方を選択するんです。**この世にある別れというのは概ねすべて中途半端なものなんですよ。**それ故に「お互いが納得できるキレイな別れ」という幻想に溺《おぼ》れて執着になってしまうわけです。

恋愛の終わりほど中途半端で呆気ないものはなくてですね、後で思い返してみると、あれほど忘れたいと苦しんだ失恋でも、いつ忘れたのかわからないくらい気がつけばいつのまにか忘れているものです。

50

距離感から考える恋人との別れどき

人間関係には、距離感というものがとてもとても大事なものでして。その人とどんな距離感でいるのが最も良い関係でいられるのかということなんです。

恋人としての距離感が良い関係になれる人、友達としての距離感が良い関係になれる人、赤の他人としての距離感が良い関係になれる人……など、様々な距離感で人との関係を円滑にしていくわけですね。

人間関係におけるトラブルというものは、だいたいは距離感が近すぎて生じるものでして。気が合わないと思ったら気が合うところまで離れるのが賢明なんです。

それは恋人との関係でも言えることなのですが、その人を好きな自分が嫌いだと感じたら、それは距離感が近すぎるということです。

そのままの距離感でいると、自己嫌悪に苛まれて情けない女になってしまったりするわけですね。

そういうときは自分が好きになれる距離まで離れるべきなのですが、その多くは「赤の他人としての距離」まで離れなければ自分を好きになれないわけです。それが「別れる」ということだと思います。

その人を好きな自分が嫌いだと感じたときこそが、別れどきなのかもしれませんね。

51

別れた恋人の幸せを願うのは執着でもある

失恋すると、「相手の不幸を願ってしまう人」と「相手の幸せを願う人」という、二通りの人がいるわけですけども、実はこの二通りとも根本にあるものは「執着」なんです。どちらも同じなんです。

執着の根源は見返りの回収にあり、不幸を願う人というのは、愛した見返りに幸せを回収できなかったという報復で相手の不幸を願ってしまうものです。

幸せを願う人というのは、「自分の関与していないところで幸せになってほしくない」という欲求があるものです。なので、「新しい彼女ができたら応援したい」という気持ちは、「新しい彼女ができたら無関心ではいられない」という恐怖心を、応援することによって相殺しようとしているだけだったりするんですよね。

これもやっぱり「愛した見返りが回収できない憤り」が、無関心になれない根源なんです。

「別れる」ということは「私の幸せにあなたは必要ありません」という宣言みたいなものですから、その人の幸せに関わる隙間なんてあってはならないものなんです。

強いて言うのなら、無関心になってあげることが、その人にとっての幸せに繋がる最良の方法なんですよ。

本当にその人の幸せを喜べるときというのは、もっともっと後の話です。それはお互いが一度赤の他人に戻って、お互いが自分とは関係のない別の幸せを見つけたときなんです。

52

仕事が忙しくて別れを切り出す男の真意

「彼氏に、仕事が忙しいという理由でフラれました」という相談をよくいただきます。

「仕事に集中したいから別れましょう」ということは、「私はあなたのためには働いていませんよ」という宣言なんですよね。

良い恋愛とは仕事の活力になってくれるものでして、忙しくて余裕のないときほどそれは原動力になってくれるものなんです。それが感謝に繋がりその感謝が信頼を築いていくものなんですよ。

余裕があるときでなければ付き合えないということは、「都合のいい女」と同列な位置付けになるわけです。

本当に「適当な付き合いはできない」と思っている男性ならば、仕事を引き合いに出して別れを選択することはありません。そんな男性とは、さっさと別れた方が正解なんです。

苦しいときほど愛しく思えるのが恋人です。楽しいだけの恋愛なんて暇潰しにしかならないものですよ。

53

「彼以上の人はいない」という想いは自分の成長を妨げる

「出会い」というのは意図しないものが多いですから、そういうものを「運命」として感謝することは悪いことではないと思います。

でも「別れ」というものは運命ではなく、それを続けることができなかった自分の実力です。

「彼以上の人はいない」「自分には彼しかいない」という思い込みも、今の自分の実力を反映している思い込みです。

失恋を受け入れ、その失恋から学び、女としての力を得たとき、その思い込みはなくなるはずです。

人は痛い思いをして変化していく生き物です。その恋愛が本気であればあるほど失恋は痛いものになります。だからこそ失恋というものは女性を大きく成長させるものだったりするわけですね。

それを「運命のせい」にして逃げてしまっては何も変わりません。逃げた先にあるのは「執着」だけです。

彼以上の人が考えられないのは、今の自分以上に成長することを放棄してしまっているからなんです。

別れるべきは過去の幸せではなく、今の「情けない自分」なのかもしれませんね。

54

不倫の10カ条

読者の方から、不倫のお悩みをたくさんいただきます。不倫の10カ条をお伝えしましょう。

・クリスマス等のイベントは一緒にいられないと心得ておくこと
・香水等をつけて会わないこと
・ふたりの写真は撮らないこと
・プレゼント等はしないこと

・地元で会わないこと
・街で見掛けても声を掛けないこと
・こちらから連絡しないこと
・その関係を決して口外しないこと
・悩んでも誰にも相談しないこと
・決して一番の女になろうとしないこと

一緒にいた証は一切残さないのが最低限の不倫のルールです。

その覚悟があるのなら、どうぞ不幸になってください。

55

「好きだけど別れる」という選択の意味

読者さんからこんな相談をいただきましたよ。

「『好きなのに恋人と別れる』という意味がわかりません。相手のために、ふたりのためにお互い好きなのに別れるという選択は実際あるのですか？　それはどういうときのことを言うんでしょうか」

金銭面の問題や環境の変化等で精神的余裕がない場合に、「自分といると不幸にしてしまう」という相手を気遣うような思いから「好きだけど別れる」という決断をすることはあります。

ですが、「好きだ」という気持ちと愛情はまた別のものでして、「好きだ」という想いは自分のためのものであり、「愛している」という想いは相手のための原動力なんです。

ですから、「好きだけど別れる」という決断は相手を気遣うというよりも自分が楽になるための決断なんですよ。

「自分といると不幸にしてしまう」という思いから解放されたいわけです。そこで自らを鼓舞する愛情が欠如しているから、楽を選んで別れを選択してしまうわけですね。

つまり「好きだけど別れる」という決断は、正確に言えば「好きなだけでもう愛せません」という宣言なんですよね。美談にされがちな別れ方なんですが、実際はこういうことです。

要するに「私はあなたのために頑張れませんサヨウナラ」ということです。好きになるのは簡単なんです。愛することが強さなんですよ。

56

女を執着させる男にたいした男はいない

読者さんからこんな相談をいただきましたよ。

「1年後、お互いが成長して会おうって約束どう思いますか？　彼に、気になる人ができた、好きかわからなくなった、1年間目標に向かって頑張りたい。そんな理由でフラれました。だけど1年後必ず戻ってくるから待っていてほしいという約束でした。どう思いますか。やっぱり間違ってますか？」

自分から解放してあげるのが、棄てる側の最低限の責務です。

1年後に会いましょうという約束を交わすということは、1年間その人を拘束する別れになってしまいます。一見優しい言葉に思えますが、こんなに残酷な別れはありません。その言葉の真意が本心なのか、その場しのぎのテキトーな言い逃れなのかはわかりませんが、たとえ嘘偽りのない本心だったとしても、それは決して言ってはいけない言葉なんです。

別れというものは最もその人の人格が出てしまうものでして、女を執着させてしまう男にたいした男はいません。きれいサッパリと解放してくれる男がいい男なんですよ。

せっかく別れたんです、そんな約束なんかどうでもいいと思えるほど、いい女になってやりましょう。

57

もっと愛されたいがゆえに別れを脅しの道具に使う男

読者の方からいただく相談に、「別れよう」と毎日のように言ってくる彼氏への対策を教えてください、というのがあります。

別れを頻繁に引き合いに出す人というのはですね、要するに「別れたくなければもっと俺を愛せ」という脅迫をしているわけです。

これは愛されないことへの過剰な恐れ、それに対するコンプレックスが根本にあるものでして、そのコンプレックスを隠すための「高圧的な態度」なんですね。

「愛されるための手段は選ばないが、愛する手段には全くの無知」というような人種ですので、異性の気を引くことは得意だったりしますが、異性の心を掴むことは壊滅的にヘタクソです。

別れというのは脅しの道具ではありません。それはたった1枚しかない最後のカードなんですよ。別れを軽く扱う人は、例外なく付き合いも軽く扱っているものです。我慢する必要もないし、お付き合いを続ける必要もありません。

幸せというのはときに別れることで得られるものだったりするんですよ。自分の価値を落とさなきゃ続けられないような恋愛なら、そんなもの棄てた方がいいんです。望み通りに別れてあげればいいんですよ。そんな男、ケツの軽い女にくれてやれ！

58

涙とは、自分自身を諦めていないから流れるもの

泣かない方法なんて実は簡単なものでして、自分自身の向上心を放棄してしまえば涙なんか出てこないものなんですよ。

「どうせ自分なんかこんなもの」と自分自身を諦めたときに、人は泣けなくなるものなんです。

「泣く」という行為はネガティブに思われがちなことなんですが、実はネガティブな人ほど泣けない人が多いものでして、自分自身を諦め自分自身を軽視しているから、自分のために泣けなくなってしまうわけです。

「泣ける」ということは実は前向きなことでして、自分自身を諦めていないから泣けるわけなんですね。

もっと自立したい、もっと成長したい、もっと幸せになりたい……そういう前向きな想いが涙になって流れてくるわけです。

例えば、幼い子供が泣いていたとしましょう。「泣くな」と叱って泣き止む子供はいません。余計に泣いてしまうものです。「泣いてもいいんだよ」と泣いていることを許容してあげることで、子供は安心して泣くことができ、すぐに泣き止むことができるんです。

大人になったらそれを自分自身にしてあげなければなりません。それが「自分を愛する」ということなんですよ。

ですのでどうか安心して泣いてください。この世に「間違いの涙」なんてものは存在しませんよ。

泣かないからって、強い女だと思うなよ。すぐ泣くからって、弱い女だなんて思うなよ。今日降る雨は、明日咲く花のためなんだぜ。

59

恋愛における「さめる」は目がさめる方の「さめる」

読者さんからこんな相談をいただきました。

「付き合って別れた相手をずっと想っているという意味での『忘れられない恋』というのは、聞く話だと思うんですが、片想いでも『忘れられない恋』ってあるんでしょうか。それともそれはただ引きずっているだけの重い女なんでしょうか」

片想いした人やお付き合いした人、大きな視点から見ればそれ等はすべて「忘れられない人」なんですよね。失恋した人にありがちなことなんですが、その人の存在そのものを忘れようと苦悩してしまうんですよ。しかし、その人の存在を消せるはずもなく長く長く苦悩してしまうわけなんです。

「忘れる」ということはその人の存在を忘れることではなく、その人に対する自分の感情を忘れるということでして、感情を忘れるだけでその人の存在は結構覚えているものなんですよ。

皮肉なもので、感情が薄れていく過程でその人の人物像というものがよく見えてくるものでして、それが見えるたびに「なんでこんな人が好きだったんだろう？」と頭にクエスチョンマークが浮かんでくるわけですね。それが「男を見る目」になってくるわけです。

好きだという感情を「忘れる」ということは、その人から目を逸《そ》らすことではなく、その人をよく見るということ。よく見える距離まで下がるということです。

恋愛における「さめる」ということは、目がさめる方の「さめる」ですからね。

60

一度距離を置いた関係はほぼ修復不可能

読者さんからこんな相談をいただきましたよ。

「付き合っていく中で上手くいかなくなったら、『一度距離を置く』という選択をすることがあると思いますが、距離を置いたあと、状況が改善されることはありますか？」

ぶっちゃけて言うと、関係に不和が生じた後に距離を置いても、手遅れになってしまうケースが多いんですよね。この言葉はだいたいがフェードアウト狙いの言い訳として使われているのが現実です。

「距離を置きたい」と思うときとは、「好きかどうかわからなくなってしまった」という迷いが生じたときだと思うんですが、頭の中がもうごちゃごちゃ散らかっていて「好きだ」という気持ちがどこにあるのかわからなくなってしまったわけなんですね。

これを「整理整頓」するために「距離を置く」というのであれば、また「好きだ」という気持ちは見つかるものなのかもしれませんが、多くの場合は「整理整頓」ではなく「全部まとめて棄てたい」という思いから「距離を置く」という選択をするんです。

要するに「迷い」を棄てたいんですよね。迷いの中に「好きだ」という感情も隠れているものだったりしますから、迷いごと放棄してしまったら、その関係はもう元には戻らないものになってしまうわけです。関係に不和が生じてから距離を置いても手遅れなんですよね。**大事なのは幸せの中にいるからこそ距離感に気をつけることなんです。**

幸せに寄りかかるだけで馴れ合いの関係に成り下がってしまった末路が、「距離を置きましょう」という破滅を招くわけです。大事なことはいつも幸せの中にあるんだぜ。

61

別れてすぐに友達になれるような関係は最初から恋愛なんてしてなかった関係

出逢いから考えてみるとわかることなんですが、付き合う前には少なからず友達としての期間があるものなんですよね。

そこから恋愛感情が芽生えたときに、だいたいは「今の関係を壊したくない」という葛藤があるものでして、それは恋愛関係になってしまったら「もう友達には戻れない」ということを本能的に察知しているからなんですよ。

そこから葛藤が生じて覚悟が必要となり、その覚悟が恋愛関係に発展するものになるわけなんです。

「友達には戻れない」という覚悟があったからこそ恋愛関係に発展したわけでして、その覚悟もなしに恋愛は成立しないものなんです。

別れてすぐに友達になれるような関係は、最初から恋愛なんてしていなかった関係なんですよ。

友達に戻れるのはもっともっと先の話。一度他人に戻ってからなんですよ。

62

恋の終わりにこそ、人柄が出るもの

恋愛における終わり方というものにはその人の人柄が最も見えるものでして、その終わり方から学び成長を繰り返していくものなんですね。

ですので、そこでちゃんと学び成長していけば、同じ終わり方をする恋愛なんてしないものなんですよ。

同じ終わり方をするということは、同じ恋愛パターンをただ繰り返しているだけであって、それは身にも経験にもならない恋愛なんですよね。

恋愛における「終わり」とは、別れて終わりというわけではなく、忘れてはじめて

「終わり」なんです。

痛い思いをして学んだことが身について成長することができたとき、その恋を「もう自分には必要のないもの」として脳が認識し忘れていくわけです。

それができるのは「ひとりの期間」だけなんですよね。ちゃんとひとりに戻ることが恋愛から自立するということなんです。

どんなにいい信頼関係を築いても永遠に続く関係なんてなくて、いつかはお別れしなければならないときが来ます。そのときに「この人と一緒にいられてよかったなぁ」と思えるような終わり方ができるように、同じ恋愛を二度してる暇なんてないんですよね。ひとりになれない人はふたりにもなれない。同じ恋愛なんて退屈なだけです。

63

元恋人にすがっても未練ループからは抜け出せない

毎日たくさんの相談メッセージをいただいているのですが、「未練」に関する相談メッセージがとても多いです。中には5年6年引きずっている人もいるようです。

その相談メッセージを読ませていただいていると、未練を引きずってしまう人って、必ずしも復縁したいというわけじゃないんですよね。

復縁したいというよりも「早く楽になりたい」という思いの方が強いのかもしれません。その手段のひとつが「復縁」というだけなんです。

実際に未練を長く引きずってしまう人というのは「忘れさせてほしい忘れさせてほし

い」と元恋人にすがっているように見えたりもします。

忘れたい相手に「忘れさせて！」とすがっているわけですから、いつまで経っても忘れられないんですよね。

都合のいい女に成り下がってまで、いつまでも「忘れさせてほしい」とすがっているわけです。これが「無限の未練」になってしまうわけですね。

恋愛でひとりじゃ何もできない女になってしまった人が陥る、無限の未練。その未練のループにいつ気がつくのか……。

64

「自分より幸せにできる人がいるから」
（訳・自分の幸せにあなたはいりません）

読者さんからこんな相談をいただきましたよ。

「彼氏から『自分より幸せにできる人がいるから』と言われて別れました。これはキレイ事なのでしょうか。それとも本当にそう思ってくれているのでしょうか」

その人を支えてあげたいと思う気持ちが、自分の気持ちの支えになっているものです。
何が幸せかといったら、幸せを願える人がいるということが幸せなんですよね。

「自分より幸せにしてくれる人がいるから」ということは「自分ではあなたを幸せにできません」という宣言であり、「自分ではあなたを幸せにできません」ということは、「自分の幸せにあなたはいりません」という宣言なんですよ。「キレイ事」というよりも「ものは言い様」という感じですね。

別れの理由なんてどんなにキレイに飾りつけても、その根底にあるものは「もうあなたを愛せません」という現実なんです。装飾品に目を奪われて本質を見失わないようにしてください。

相手の幸せを願って別れを選択する人なんていません。別れというものは痛いくらいにドライなものなんです。その別れがキレイになるのはずっとずっと後の話。今は何も考えずに泣いてください。

65

別れてすぐに泣けるのは、「別れの予感」があったとき

「別れを切り出されたのに、泣けません」という方がいます。それはですね、「別れの予感」がなかった場合に多いんです。

別れてすぐに泣けるのは、それ以前に「別れの予感」というものがあるときなんですよね。

連絡の頻度が極端に減ったり、あからさまに素っ気ない態度をとられたり、お互いに諦めムードが漂っていたり……その「別れの予感」の期間で徐々に徐々に「別れ」というものを意識していくんですよ。

ですから「別れましょう」となったときには、驚きというよりも「やっぱりなぁ……」という感じがするものなんですよ。

何となく覚悟はできていたりするので、別れを受け入れることもできるわけです。だから素直に泣けるんですよね。

ですが、別れの予感もなく日常からいきなり「別れましょう」となったとき、覚悟も準備もないわけですから、それを受け入れられないんですよね。

「それを受け入れてしまったらメンタル的にかなりヤバいことになるよ！」と脳が危機を察知して自己防衛をするわけです。ですから頭が真っ白になって「は？？？」くらいしか思えないんですよね。

頭では理解していても心では全面的に拒否している状態ですので、悲しい出来事のはずなのに心は微動だにしないわけです。

急に別れの言葉を言われ、呆然《ぼうぜん》としたとしても、徐々に心が現実に追い付いてくるはずです。その後、時間が経っても泣けなかった場合、その恋愛は恋愛ではなかったということかもしれませんね。

66

別れられなくなる無限のループ

・別れを決意する ← ・少し寂しくなる ← ・まだ好きかもしれない ← ・やり直す

・やっぱり上手くいかない
↓
・ふりだしに戻る
↓

別れられない無限のループです。自分で別れを決意したのにいざ別れを切り出そうとすると、えもいわれぬ寂しさに苛まれたりするんですよね。この寂しさをまだ好きだという気持ちだと解釈してしまうと、ループにハマってしまいます。

この寂しさの正体は、愛情ではなくて欲求なんですね。もう愛していないのに、まだ愛されたいという欲求です。人間にとって大事な器というのは誰かを愛することで満たされると思うんです。幸福感というのはこっちの器にあるような気がするんですよね。

別れを切り出すならそれなりの責任と覚悟を持つこと。気紛れに相手の人生を振り回しちゃいけません。一度口にした別れは、寂しいなんて理由で揺らいでは駄目なんです。

67

愛情は未練を、欲求は執着を残す

悪い恋愛ほど未練がこじれて執着になってしまうものです。その執着の正体は「見返りを求める気持ち」なんですよね。

こんなに我慢したのに、こんなに辛い思いをしたのに、こんなに愛したのに……この「のに」の部分が諦めることのできない執着の正体なんです。

悪い恋愛ほど満たされないものはないですから、満たされなかった分だけ見返りを求める気持ちが大きくなり、いつまでもいつまでも相手に見返りを求めて執着してしまうんですね。

目を覚ませばすぐにわかることなんですが、こういうときってただ愛されたいだけで、別にもう愛しちゃいないんですよ。

愛されたいという欲望に翻弄《ほんろう》されているだけで、今まで注いだ愛情の見返りを要求しているだけなんです。

言い方は悪いんですけど、要するに「貸した金返せよ！」と言ってる人と同じなんですよね。

「愛したいのか愛されたいのか」その一点のみで考えてみると、もう愛していないということに気付くはずです。

それはそれで寂しいことなんですけども、その未練は欲求からくる執着とは違い、どこか清々しさを感じさせてくれるような寂しさなんです。

愛情は未練を残しますが、欲求は執着を残してしまうんです。

未練は背中を押してくれるもの、執着は足を引っ張るもの。

良かったなと思える恋愛ほど、立ち直りは早いものなんですよ。

68

仕事や勉強の邪魔になるのが「遊び」
誰かのために頑張れるのが「恋愛」

読者さんからこんな相談をいただきました。

「私は高校3年の受験生です。まわりのカップルが受験を理由に別れているのですが、私には受験のためとはいえ、好き同士で付き合っているのに別れる意味がわかりません。付き合っている好き同士が別れて得るものってあるのですか？」

仕事や勉強の邪魔になるものは「遊び」だけなんです。それが仕事や勉強の邪魔だと感じたら、それは「恋愛」ではなく「遊び」だったということです。

それが本気の気持ちなら、仕事や勉強ができない言い訳を恋愛のせいにはしないはずなんです。意地でも仕事や勉強を頑張るはずなんです。その意地の部分が恋愛の為せる業だと思うんですよね。

恋愛が仕事や勉強の邪魔になるものなら、世の旦那さん達は仕事を辞めなければなりませんよね。彼等が仕事を頑張っているのは「愛する人がいるから」なんですよ。

人は「自分のために」と思うとついつい怠けてしまうものでして、自分のために力を発揮することはものっっっすごい苦手な生き物なんですよ。

でも「誰かのために」と思うと自分でも考えられないほどの力を発揮するものなんですね。だから本当に愛する人がいる人ほど強いものなんですよ。

69

未練から恋愛感情を差し引いたものが「思い出」

「未練」というものには恋愛感情があるものでして、「思い出」というものは未練から恋愛感情を差し引いたものなんですね。

未練を抱えている人の「忘れたいもの」というのは恋愛感情なんですが、終わった後に残る恋愛感情というものは、幸せだったときに伝えるべきだった恋愛感情なんですよね。俗に言う「失ってから気付く大切な気持ち」というやつなんですが、これが未練を抱えている人が忘れたい恋愛感情なんです。

あのときもっと気持ちを伝えていればよかった、あのときもっと理解してあげればよかった、あのときもっと大切にしていればよかった……など、一種の後悔が終わった後に残る未練なんですね。

人は自分に必要のないものから忘れていく生き物ですので、その後悔から「人を愛する」ということを学び、その学んだことが身につき、その後悔が自分にとって必要のないものになったとき、はじめて忘れることができるわけです。

このとき未練から後悔だけが消えて、キレイな思い出の出来上がりになるわけです。

自分が一回り成長したときに未練は思い出になるものですから、思い出の中の自分というものはどこか幼くて、恥ずかしくも微笑《ほほえ》ましい存在に思えたりするわけです。

未練は忘れたいもの、思い出は忘れないものなんです。

70

自分からフッたくせに泣く男の涙は自己愛とスケベ心

男性は、自分から別れを告げた相手にも独占欲を抱いてしまうものでして、別れた後でも成仏できない霊みたいに連絡をしてくる人が多いんですね。

まぁ女性からしたら迷惑極まりない独占欲なんですが、この独占欲のせいで恋人から都合のいい女に格下げされてしまう人も少なくないんですよ。

その涙は愛する人と別れてしまうことへの涙ではなく、愛してくれる人と別れてしまうことへの涙ですので、それは愛情の涙ではなく自己愛からくる涙なんです。

例えば、共通の趣味に伴うプレゼントは「繋がりを残しておきたい」という欲求の証、もう愛することはできないけどまだ愛してほしいというスケベ心ですね。

別れを告げる方が泣いてしまったら、別れを告げられる方は泣けないもの。最後くらいは女に気持ちよく泣かせてあげるのがいい男ってもんです。

別れる女にプレゼントしていいのは、涙を拭《ぬぐ》うハンカチだけですからね。

71

恋愛の仕方を忘れたときが
失恋から自立した証

読者さんからこんな相談をいただきました。

「ひとりになりきったときってどんなときですか？　時間ですか？　元彼のことを全く考えなくなったときですか？　恋愛の仕方忘れちゃいそうです（笑）」

失恋を経てちゃんとひとりに戻れたときというのは、実は「恋愛の仕方を忘れたとき」なんですよ。**恋愛というものがどういうものなのか最も痛感するときというのは、**

実は失恋したときなんですね。心に空いた喪失感の穴の形がそのまま恋愛の形なんです。

ですから恋愛の仕方がわからなくなるということは、前の失恋から自立できた証になるものなんです。

恋愛感情というものは一貫性のあるものではなく、お付き合いする人によって様々な形に変化していくものなんです。ひとつとして同じ恋愛はないわけですね。

ですから恋愛の仕方がわからないのは当たり前なんですよ。わからなくなってはじめて新しい恋愛ができる準備が整うわけなんですね。

「好きって何？　恋って何？」と、わからないからこそ新しい恋愛ができるわけです。

最初から答えが用意されている恋愛なんて、退屈なだけですよ。

72

別れるときはお互いの同意は必要ない

上手に別れる方法というと、ちゃんと会って話し合い、お互いの同意の上で何の遺恨もなく別れる――というようなものだと思うんですけども、そんなものは幻想なんですよね。

恋愛における別れというものは残酷なものでして、付き合うためにはお互いの同意が必要なんですけども、別れというものに同意は必要ないんですよね。どちらかが「もう無理」と言ったらその恋愛はおしまいなんです。

認める認めないの問題ではなく、認めなきゃならないのが別れなんですね。

別れ話で下手に同意を求めると「友達に戻りましょう」とか「嫌いになったわけじゃない」とか、同意を引き出すための「優しい嘘」が出てきてしまうんですね。
優しい嘘ほど相手を執着させてしまうものはありませんから、上手に別れようとすると後々苦労してしまうものなんですよ。

別れは一方的なものでいいんです。相手を納得させる必要もありませんし、場合によっては会う必要もないと思います。

一切の情を切り捨て非情になること、それがお互いのために最も大事なことだと思います。

73

恋愛の末期はケンカの回数が増える

「ケンカするほど仲がいい」とよく言うんですけど、あれって真っ赤な嘘なんですよね。頻繁にケンカになってしまう人達というのは「お互いへの敬意」というものが圧倒的に欠如しているものでして、お互いがお互いを下に見ているために意見の押し付け合いになってしまうんです。

そして意見の押し付け合いに疲れてしまうと、今度は相手にしないことで見下すわけですね。「ハイハイ、ワカリマシタヨ、Ａｈメンドクサ」と上から目線で負けてあげるわけです。

相手にされなくなった側は相手にされなくなったことにより見下されていることを察知するものでして、やがてお互いに相手にしないことでお互いを見下すようになってしまうんですよ。恋愛の末期によく見られる光景ですね。

そこに敬意があったならば、お互いがお互いを尊重することができ、意見の押し付け合いではなく意見の引き出し合いになり、ケンカではなく「話し合い」になるわけです。

ケンカするほど仲がいいというのは嘘。ケンカする必要のないほど話し合いを積み重ねている仲こそが、末永く幸せになる仲なんですよ。

74

別れた恋人が先に新しい恋愛をしたとき

別れた恋人に自分よりも先に新しい恋人ができてしまうと、何とも言えない劣等感が生じてしまうんですよね。

こちらにまだ未練があるときはなおさら自分が惨めに思えてしまうものなんですけど、これは相手が「もう失恋から立ち直ったのか」という思い込みから生じる劣等感なんですよね。

自分だけがその失恋に取り残されたような気がして焦ってしまうわけなんです。

でも、失恋から次の恋愛までが早い人って立ち直ったから次の恋愛にいくのではなく、

立ち直るために次の恋愛にいく節があるんですよね。

私のところにも毎日そのテの相談が多く寄せられてくるんですけど、立ち直れないから次の恋愛に逃げてしまう人が非常に多いんです。

ですので劣等感を抱える必要は全くないんですよね。むしろ「別れたら先に新しい恋愛をした方が負け」くらいに思っていてもいいと思いますよ。

無駄な恋愛は一切する必要はなし、ひとりで立ち直れた方が勝者。失恋なんかに負けんなよ。

75

別れの理由に納得できないのは当たり前

「別れの理由に納得できない」というのは、よくある相談です。ではどんな理由だったら納得できるのでしょうか。

「前の彼女に未練がある」と言われたら納得できるのでしょうか。恐らくそれはそれで納得できないでしょう。

「ほかに好きな人ができた」と言われたら納得できるのでしょうか。それも恐らく納得できないでしょう。

「嫌いになった」と言われたら納得できるのでしょうか。そんなもの納得できるわけないですよね。
では「嫌いになったわけじゃない」と言われたら納得できるのでしょうか。そんなこと言われたらますます納得できなくなってしまいますよね。

別れる理由に納得できる理由なんてないのが当たり前なんです。納得できないのは別れる理由ではなく、別れること自体に納得できていないわけですからね。
納得できないのが別れというものなので、そこに納得できる理由を求めると出口のない迷路でいつまでもさまよってしまうわけです。理由なんて今はどうでもいいんです。別れたという事実だけに目を向けていればいいんです。

「別れたという事実」を受け入れられたときに、やっと「納得のできる理由」というものが見つかるものなんですよ。

76

苦しみから目がさめるのは その人の今が見えたとき

「この人以上の人はいない」というのは、失恋直後なんかによく思うことなんですけども、その人はその人しかいないわけですから、その人以上の人なんていないのは当たり前なんですよね。その人を求めている限りその人以上の人なんて現れるわけがないんですよ。

でも本当に求めているのは、今のその人ではなく、過去の幸せだったころのその人なんですよね。 別れてしまったその人とは別人の、幸せだったころのその人を求めているわけで、今のその人の人物像からは目を逸らしているわけです。

苦しんだ失恋から急に目がさめるときって誰にでも経験があると思うんですけど、あれって今のその人の人物像が見えたときなんですよね。

「この人はもう自分の好きだったその人じゃないんだ」という現実が見えちゃったときなんですよね。

今を生きなきゃ今は見えないものなんです。過去に生きるのをやめたとき、目がさめるはずですよ。

77

別れ話のカキクケコ

別れ方を間違えると相手を失恋モンスターにしてしまう場合があります。私のところにもそのテの被害の相談が結構あるのですが、半年とか1年も付きまとわれていたりするケースもあるようです。

「フェードアウト」を狙うのもひとつの手段なんですが、例えばこちらが徐々に連絡を減らしていくとしましょう。すると減らした連絡の分だけ相手からの連絡が増えてしまうんですよ。

相手から連絡をさせてしまうと、「あんなに連絡したのに、自分の時間を削ってまで連絡したのに」という「見返りを求める気持ち」が生じてしまうんです。

その「見返りを求める気持ち」というものが相手を失恋モンスターにさせてしまう動機になってしまったりするので、フェードアウト狙いはなかなか難易度が高いものだったりするんです。やっぱりどこかでちゃんと線引きをしておいた方がいいと思います。

- **「カ」……感情的にならないこと**
- **「キ」……期待は持たせないこと**
- **「ク」……クールに対応すること**
- **「ケ」……ケンカにならないようにすること**
- **「コ」……好意は決して見せないこと**

「別れ話のカキクケコ」です。覚えておいてくださいね。「別れる」ということはキレイ事ではどうにもならないものですからね。

78

クズ男の別れのセリフを翻訳してみた

・「一回友達に戻ろう」↓他人に戻る覚悟があってこその別れです

・「バイトが始まればなかなか会えない、俺もまだ遊びたい」↓矛盾してます

・「好きな人ができた訳じゃない」↓たちが悪い

・「付き合っててもほかの女と遊んでしまうから、お前がかわいそう」↓ただ遊びたい

だけの欲求をなぜ優しさに変換するのか

・「でも俺はいい男になって戻ってくる」↓欲求を先行する程度の理性の持ち主には無理です

・「いつになるかわからないけど待ってて裏切らないから」↓バカなの……？

翻訳すると「ほかの女と自由に遊びたい、でも文句は言われたくない、だから別れましょう、でも勿体ないから友達ってことで、たまには抱いてやってもいいんだぜ」ってことですね。

とんでもない自己チューな欲求を優しさで包んだつもりになっているクズ男の別れのセリフです。

心当たりがある方は、傷付いてあげる価値もない男なのでいっぺんひっぱたいて終了でOKです。

79

ちゃんと別れることができない人に
ちゃんと人を愛することはできない

「別れる」ということは、まだ好きかもしれないとか、相手の気持ちがわからないとか、納得できるとかできないとか、そんな自分の心情とは全く関係のない「ただの現実」なんです。

別れたらそれでおしまい、ただそれだけのことなんですよ。

別れとは後戻りがあってはいけないもの。その覚悟があってこその別れです。その覚悟があるからこそ、別れとは「前に進むしかないもの」になるわけですね。

恋愛において最も重要なスキルは「愛し方」ではなく「愛され方」でもなく「別れ方」なんです。別れから学んだものの中に「愛し方、愛され方」が含まれているものなんですよ。

ちゃんと別れることができない人に、ちゃんと人を愛することはできません。

同じ涙は二度流さないのが女ってもんよ。一度決めた別れならちゃんとひとりに戻ってみなさいな。

おわりに

別れのない出会いはないもので、どんなに良い関係を築いていてもいつかは別れなくてはならないもので、永遠に一緒にいることなんてできないものなんですよね。

今がどんなに仲睦《むつ》まじい関係だとしても、どんなに愛し合っていても、命に限りがある以上いつかは別れのときが来てしまうんです。

それを想像すると辛くもあり悲しくもあるわけですが、いつか別れが来ることをわかっているから、今という時間が掛け替えのない時間になり、その関係に甘えることなくしっかりと愛することができるんですよ。

例えばいつまでも一緒にいられる永遠の命があったのなら、おそらくこんなにも愛せないんじゃないですかね。

いつかは別れてしまう有限な関係だからこそこんなにも愛しく、最後の最後まで愛することができるんじゃないですかね。

今にして思えば若さゆえの過ちで終わってしまった恋愛達というのは、気持ちのどこかで永遠に続くと思っていたような気がするんです。

別れることなんて微塵《みじん》も考えていなかったから、気持ちのどこかでその関係に甘んじて、気持ちのどこかで愛することをサボり、悪戯《いたずら》にその関係を消耗して、別れた後になって逝けない想いに葛藤していたんじゃないかなって思うんです。

いつか別れることを知っていたのなら、もっと上手に愛することができたはず。

愛し損ねた愛情が未練となって逝けない想いに苦しめられていたんじゃないかなって思うんですよ。

もちろん私は長生きしたいし、相方にも長生きをしてほしいと願っています。

しかし最後まで愛し続けるために、たまに別れの瞬間を想像することがあるんですよ。

それは今の関係に甘えてはいないか、ちゃんと愛することができているのか、それ等を自分自身に問うため。

愛し損ねの愛情がないように、自分への戒めのためにいつか来るであろう別れを想像するんです。

そのお陰かどうかはわかりませんが、もう随分と長く一緒にいるのに、その関係が色《いろ》褪《あ》せることはないんですよね。

むしろ時間と共にその愛情は深くなっていくような、そんな気さえするんです。

若いころはその人のどこを愛しているのかがわかりませんでしたが、今ならはっきりと言えます、その人の命を愛していますとね。

愛しても愛しても愛し足りないのでしょうけども、この想いの逝き場所を失わないように、今ある愛する人の命に愛情を捧げ続けていくことが、正しい想いの逝き方なんじゃないでしょうか。

以上

DJあおいでした！

本書は、ブログ「ＤＪあおいのお手をはいしゃく」を加筆・編集し、まとめたものです。

〈著者紹介〉
DJ あおい　恋愛アドバイザー。ツイッターで独自の恋愛観を綴り、一般人としては異例のフォロワー約35万人(2アカウント合計)。ブログ「DJあおいのお手をはいしゃく」は月間600万PVを誇る。著名人のファンも多く、幅広い層から支持されている。著書に『ていうか、男は「好きだよ」と嘘をつき、女は「嫌い」と嘘をつくんです。』(小社)、『キャリアなどに興味はない。それなりに稼げて、ストレスフリーなら、それがいいのだ!』(ワニブックス)などがある。

イラスト　つぼゆり
装丁　小口翔平+三森健太(tobufune)

想いよ、逝きなさい
2017年9月20日　第1刷発行

著　者　DJあおい
発行者　見城 徹

GENTOSHA

発行所　株式会社 幻冬舎
〒151-0051 東京都渋谷区千駄ヶ谷4-9-7

電話:03(5411)6211(編集)
03(5411)6222(営業)
振替:00120-8-767643
印刷・製本所:株式会社 光邦

検印廃止

ISBN978-4-344-03180-7 C0095
幻冬舎ホームページアドレス　http://www.gentosha.co.jp/

この本に関するご意見・ご感想をメールでお寄せいただく場合は、
comment@gentosha.co.jpまで。